100원 부자

글 방미진

1979년 울산에서 태어났으며, 2005년 〈서울신문〉 신춘문예에 〈술래를 기다리는 아이〉가 당선되어 작품 활동을 시작했습니다. 국내 창작동화로는 최초로 미스터리 호러 동화라는 평을 받은 《금이 간 거울》, 사춘기의 불안과 공포를 강렬하고 환상적으로 그려 낸 청소년소설 《손톱이 자라날 때》 등을 통해 독특한 색깔을 구축하며 녹자들의 뇌리에 깊이 각인되었습니다. 지은 책으로는 《금이 간 거울》 《어린이를 위한 사회성》 《형제가 간다》 《비닐봉지풀》 《어린이를 위한 감정 조절의 기술》 《왜 아껴 써야 해?》 《착한 옷을 입어요》 《쉬는 시간에》 《신통방통 경복궁》 《문제를 제대로 읽으라고!》 《장화홍련전》 《괴담》 등이 있습니다.

그림 박재현

시각디자인을 전공하고 그래픽 디자이너로 활동했습니다. 지금은 다양한 기법으로 어린이 책에 그림을 그리고 있고, 대한산업미술가협회상, 서울일러스트레이터협회상 등을 수상했습니다. 그린 책으로는 《생각이 뛰어노는 한자》 《투발루에게 수영을 가르칠 걸 그랬어!》 《인어는 기름 바다에서도 숨을 쉴 수 있나요》 《링링은 황사를 싫어해》 《검은색만 칠하는 아이》 《우리 가족 비밀 캠프》 《집 나간 코딱지를 찾습니다》 《들썩들썩 채소 학교》 《세상에서 가장 힘이 센 말》 등이 있습니다.

| 이 책에 대한 설명 |

부자를 꿈꾸는 사람은 참 많습니다. 부자가 되기 위해 노력하는 사람도 많지요. 하지만 돈의 가치를 알고 돈을 잘 관리할 줄 아는 사람은 많지 않습니다. 흐지부지 돈을 써 버리고는, 왜 나에게는 큰돈이 생기지 않나 불평하는 경우가 더 많지요.
만장이와 짠돌이 아빠가 벌이는 유쾌한 이야기 속에, 유대인들이 생각하는 돈의 의미와 철학, 지혜로운 사용과 관리에 대한 이야기를 넣었습니다. 이 책을 읽은 아이들이 돈의 가치와 경제 개념을 깨우치는 것은 물론, 돈만 아는 인색한 부자가 아니라 나눌 줄 아는 아름다운 부자가 되기를 바랍니다.

*이 책을 쓰는 데 많은 도움과 웃음을 준 박시와 어린이에게 고마운 마음을 전합니다.

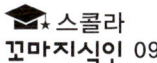
스콜라 꼬마지식인 09

100원 부자

방미진 글 | 박재현 그림

위즈덤하우스

만장이는 진구가 든 젤리를 보며 침을 꿀꺽 삼켰어요.
"아, 맛있겠다!"
그러거나 말거나 진구는 혼자서만 젤리를 쪽쪽 빨아 먹었지요.
만장이는 계속해서 쫀득쫀득 젤리를 바라보았어요.
하지만 진구는 모르는 척했지요.

"돈 없어."

만장이는 별 수 없이 다른 곳으로 시선을 돌렸어요.
그러자 뽑기를 하고 있는 종달이가 보였어요.
"너도 해. 용돈 있잖아?"
종달이가 한 손에 뽑기를 들고 말했어요.
"용돈? 안 받는데."
"뭐? 용돈을 안 받는다고?"
종달이는 엄청 놀라운 일이라는 듯 꽥 소리를 질렀어요.
"난 용돈 받는데. 우리 엄마는 천 원짜리로 준다."
진구도 으쓱거리며 끼어들었지요.
"치, 백 원짜리로 받는 게 훨씬 좋거든. 뽑기도 할 수 있고!"
"웃기네. 천 원짜리가 훨씬 좋은 거거든!"
천 원짜리든 백 원짜리든 만장이는 두 친구가 부러울 뿐이었지요.

돈돈돈! 돈이 좋아! 으하하학!

:돈이 뭐야:

그래? 그런데 말이야, 혹시 나처럼 돈을 엄청 좋아하면 나쁜 거야?

돈은 사람들이 물건을 사거나 팔기 위해서 생겨났어. 돈이 없을 때는 서로 가진 물건들로 교환해야 해서 불편하고 번거로웠지.

그럼 어떤 건데?

돈은 부끄러운 것도 나쁜 것도 아니야.

필요한 것을 얻을 수 있고 우리 생활을 편리하게 만들어 주는 도구지. 그걸 어떻게 쓰느냐에 따라 나쁠 수도, 좋을 수도 있어.

"아빠, 용돈 주세요!"
만장이 말에 아빠는 귀를 의심했어요.
"용…… 뭐?"
"용돈이요. 저도 돈이 필요하니까요!"
아빠는 눈을 동그랗게 뜨더니 말했어요.
"음, 재워 주고 먹여 주고 키워 주는데, 못하는 소리가 없구나."
"친구들은 다 받는다고요!"
"저런, 그랬구나!"
아빠가 부드럽게 웃었어요. 만장이도 덩달아 히죽 웃었지요.
하지만 짠돌이 중에 짠돌이인 아빠가 돈을 그냥 줄 리 없었지요.
"필요하면 네가 벌어서 쓰렴. 내 사전에 공짜 돈은 없단다."
아빠는 얼굴을 바짝 들이대며 무시무시하게 말했어요.

돈 버는 재미? 돈 쓰는 재미!

"아르바이트를 시키면 어떨까?"

설거지를 하던 엄마가 갑자기 말했어요.

"집안일을 하고 용돈을 벌게 하는 거지. 일도 돕고 용돈도 벌고. 무엇보다 공돈도 아니고!"

만장이는 만세를 불렀지요. 용돈만 받을 수 있다면 다 좋았거든요.

아빠도 마지못해 허락할 수밖에 없었지요.

만장이는 돈 버는 재미에 푹 빠졌어요.

"백 원이면 뽑기 한 판!"

"이백 원이면 젤리가 쫀득쫀득!"

빨래 꺼내기도, 청소하기도 힘들었지만 해낼 수 있었어요.

다음날 돈 쓸 생각을 하면 힘이 절로 났지요.

'우리 만장이가 벌써 돈을 아는 나이가 되었구나.'
엄마는 만장이가 마냥 기특했어요.
아빠는 어땠냐고요? 아빠는 그날부터 잠을 잘 수가 없었답니다.
"아이고, 내 돈 백 원! 어이쿠 내 돈 이, 이백 원! 삼백……
악! 아까워, 아까워!"

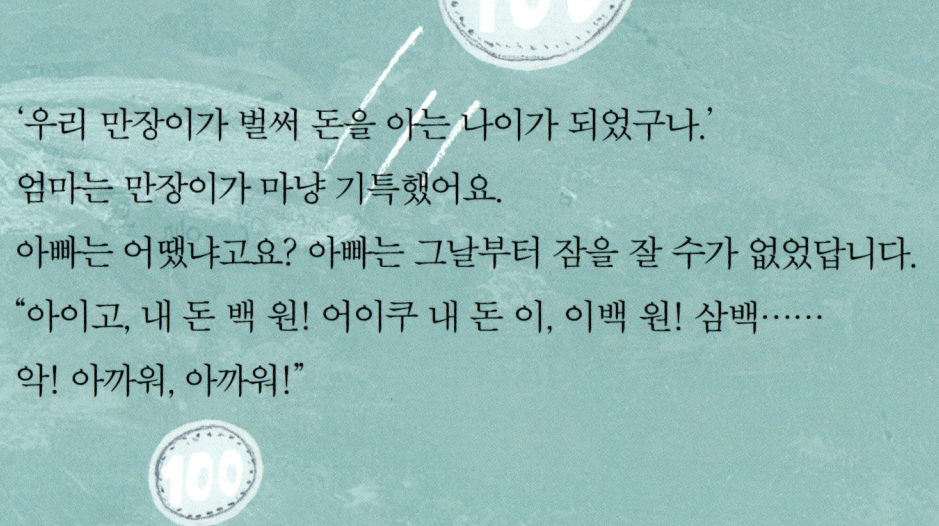

어이쿠 내 돈! 아이고 내 돈!

"빨래 꺼내야지!"
만장이는 출랑거리며 세탁기로 갔어요.
어, 이게 어찌 된 일일까요? 빨래가 감쪽같이 사라졌어요.
"거실 정리를 해 볼까?"
고개를 갸웃거리며 거실로 나갔어요. 그런데 너저분하게
널려 있던 책과 옷가지가 모두 제자리에 있었어요.
"이상하네? 흠, 청소기나 돌려야겠다."
만장이는 청소기 쪽으로 달려갔어요. 하지만 아빠가 막아섰지요.
"청소기는 아빠가 방금 전에, 돌렸단다!"
울상을 짓는 만장이를 향해, 아빠는 활짝 웃었답니다.
'내 돈을 주느니, 내가 하고 말지. 삼백 원 벌었다! 으허허!'
용돈 주는 게 아까워 일거리를 없앤 거였지요.

아빠가 편안한 마음으로 쉬고 있을 때였어요.
만장이가 뛰어와 깜짝 놀랄 말을 했어요.
"아빠, 돈 주세요!"
"뭘 줘? 아니 왜? 뭐 때문에?"
"빨래 갰어요."
"이놈의 자식…… 아니지. 아들아, 빨래도 갤 줄 아니?"
"훗! 한번 도전해 봤어요."
그 이후로도 만장이의 도전은 계속되었어요.
더불어 아빠의 방해 작전도 계속되었지요.
"어머! 집이 왜 이렇게 깨끗하지?"
덕분에 엄마는 여유가 생겼답니다. 그동안은
회사 일과 집안일에 쫓겨 늘 바빴거든요.

그 용돈, 내가 주겠어!

엄마는 독서를 하며 우아하게 커피를 마셨어요. 정말 꿀 같은 휴식이었지요. 하지만 머지않아 머리가 지끈지끈 아파 왔답니다.
"백 원만 더 주세요! 돈 줘요. 돈! 돈!"
"없어. 더 이상은 절대 없어!"
하루 종일 돈돈거리는 만장이와 아빠 때문이었지요.
만장이는 백 원이라도 더 벌려고 난리고,
아빠는 백 원이라도 덜 주려고 난리였어요.

"이럴 거면 용돈을 줘요!"
"아니, 내가 왜? 난 못 줘!"
둘의 싸움을 보다 못한 엄마는 이렇게 소리치고 말았어요.
"그만! 당장 만장이 용돈 줘. 이건 교육적으로 안 좋다고!
당신이 안 주면 내가 주겠어."
그 말에 아빠는 눈을 두 번 깜빡이더니 물었어요.
"설마…… 그 준다는 돈이 내 돈은 아니겠지?"
"걱정 마! 내 쥐꼬리만 한 용돈에서 줄 테니까."
"음, 그거 훌륭한 생각인데? 어쨌든 내 돈은 아니니까. 으허허허!"

흥, 일하기 싫으면 관두라고!

:용돈이란:

부모님한테 받는 돈이 **용돈**이야?

그렇지 않아. 어린이든 어른이든 개인적으로 자잘하게 쓰는 돈을 용돈이라고 해. 부모님한테 받을 수도 있고, 아르바이트를 해서 스스로 벌 수도 있지.

쓰고 싶은 걸 어쩌라고!

이리하여 만장이는 매주 월요일마다 천 원씩 용돈을
받게 되었어요. 하지만 돈 문제가 모두 해결된 건 아니었죠.
만장이는 용돈을 받으면 그날 다 써 버리고는
일주일 내내 용돈이 부족하다며 우는 소리를 해 댔어요.
게다가 날이 갈수록 갖고 싶은 게 많아졌지요.
"엄마, 조립식 자동차 사 주세요. 네?"
만장이는 무작정 조르기 시작했어요.
"아, 갖고 싶다. 갖고 싶다! 아아아악!"

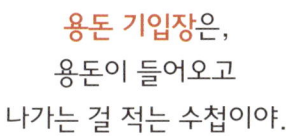

숫자는 중요해

만장이는 용돈 기입장을 제법 열심히 썼어요. 용돈 기입장을 쓰지 않으면 다음 주 용돈을 받지 못했기 때문이죠.

날짜	내용	들어온 돈	나간 돈	남은 돈
6/2	용돈	3,000원		3,000원
6/3	과자 사 먹음		500원	2,500원
6/4	딱지 사기		1,000원	1,500원
6/5	돼지 저금통 저금		500원	1,000원
6/6	아빠 구두 닦기	300원		1,300원
6/7	아이스크림 사 먹기		~~1,000원~~	~~100원~~
6/8	지우개 사기		300원	0원

"만장아, 용돈 기입장 쓴 건 잘했는데. 수입이 천삼백 원이고,
지출은 천 원인데 어떻게 남은 돈이 백 원이니?"
엄마가 묻자, 만장이는 대수롭지 않게 말했어요.
"그래 봤자 몇 백 원 차이잖아요.
푼돈인데요, 뭐."
그 소리에 잠을 자던 아빠가 벌떡 일어나 달려왔어요.
"이 세상에 푼돈이 어디 있어? 백 원이 없으면
백만 원도 없는 거지. 내 돈, 내 돈 백만 원!"
아빠는 흥분해 발을 동동 굴렀어요.

푼돈은 적은 돈을 뜻해.
하지만 아빠 말대로
푼돈이라고 무시하면 안 돼.

푼돈이라니!
백 원이 얼마나 맛있는데!

엄마는 만장이가 매사에 대충인 점이 걱정되었어요.
'그래, 유대인들처럼 숫자와 친해지게 해 주어야겠어.'
모든 일을 정확한 숫자로 표현하게 하면 대충대충 하는
버릇도 고쳐지고, 백 원, 이백 원, 오 분, 십 분의
가치도 알게 되지 않을까 싶었지요.

"만장아, 숙제 언제 할 거니?"
"이따가요."
"정확하게 말해야지."
"음, 10분 있다 할게요."
만장이는 점점 숫자로 말하는 게 익숙해졌어요.
그러다 보니 약속도 잘 지키게 되었답니다.
"엄마, 세탁기에 세제 얼마나 넣어야 해요?"
"적당히…… 아, 아니지. 두 스푼 넣으면 돼."

: 숫자와 친해지기 :

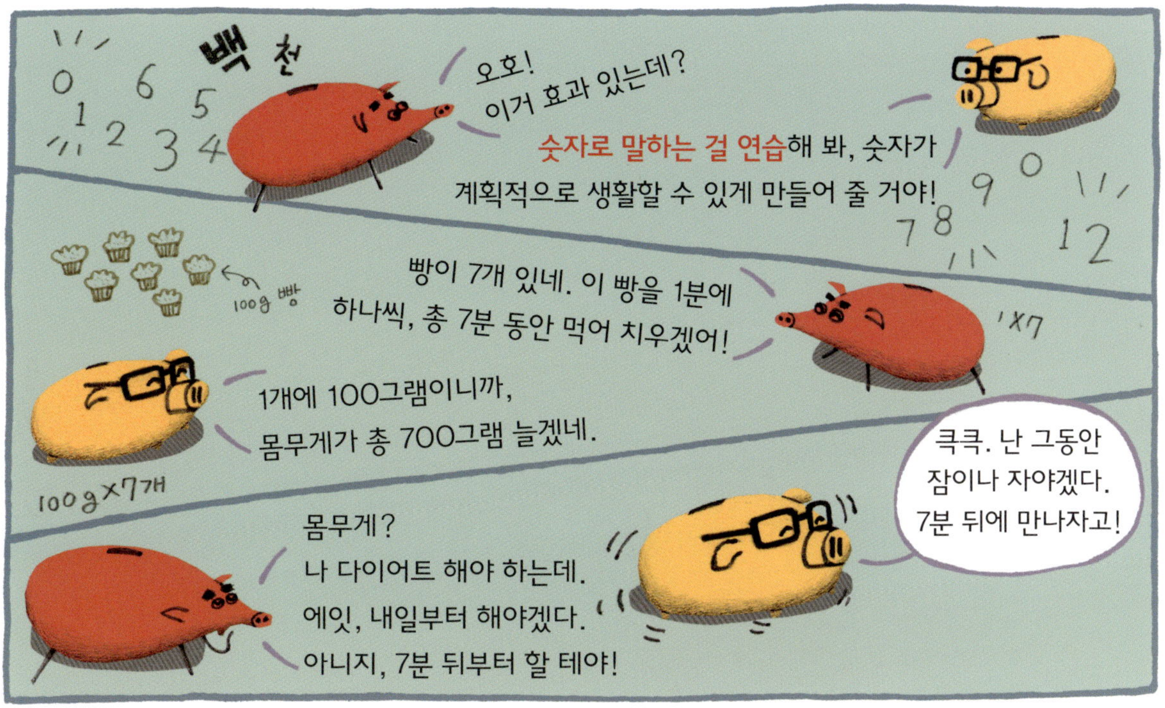

오호! 이거 효과 있는데?

숫자로 말하는 걸 연습해 봐, 숫자가 계획적으로 생활할 수 있게 만들어 줄 거야!

빵이 7개 있네. 이 빵을 1분에 하나씩, 총 7분 동안 먹어 치우겠어!

1개에 100그램이니까, 몸무게가 총 700그램 늘겠네.

크크. 난 그동안 잠이나 자야겠다. 7분 뒤에 만나자고!

몸무게? 나 다이어트 해야 하는데. 에잇, 내일부터 해야겠다. 아니지, 7분 뒤부터 할 테야!

똑똑하게 쓸 테야!

그럼에도 불구하고 만장이의 돈타령은 계속되었어요.
"이천 원만 있었으면. 아니, 만 원만! 아니 십만 원, 백만 원.
아, 부자가 되고 싶다!"
"부자라도 너처럼 쓰면 금방 거지꼴이 될걸."
"하지만 이것저것 갖고 싶은 게 많은 걸 어떡해요!"
아빠는 눈을 부릅뜨며 협박하듯 말했어요.
"뭘 어떡해? 참아야지. 돈은 쓰는 게 아니야. 모으는 거지!"

"당신도 참! 만장아, 갖고 싶은 게 많을 때는
뭐가 제일 갖고 싶은지 순서를 정하면 되지 않을까?"
만장이는 엄마와 갖고 싶은 물건의 순위를 정해 보았어요.
조립식 자동차며 딱지, 지우개 다 꼭 필요한 것 같았는데,
막상 써 놓고 보니 필요 없어 보이는 것도 많았지요.
"지우개는 집에 많이 있으니까 지우고…… 조립식 자동차는
너무 비싸. 차라리 그 돈으로 여러 가지를 사는 게 낫겠어."

왕소금 만장이

만장이는 돈을 똑똑하게 쓰기 시작했어요. 용돈 기입장도 정확하게 쓰고, 돈을 쓰기 전에 한 번 더 생각하고 계획을 세웠지요. 그런데 이를 어쩌며 좋을까요? 너무 계산만 하다 보니 친구와 과자 한 쪽 나눠 먹는 것도 아까워하게 되었지 뭐예요.
"내 돈으로 산 건데, 널 왜 나눠 줘?"
"어허허허, 과연 내 아들이군! 그럼 그럼, 돈이건 과자건 주는 게 아니란다."
아빠는 그런 만장이를 보며 흐뭇해했지요.

하지만 엄마는 만장이가 아빠의 알뜰함이 아니라,
인색함만 배우는 것 같아 걱정이 되었어요.
"만장이를 어쩌면 좋지? 펑펑 써도 문제, 너무 안 써도 문제.
어렵다 어려워. 이럴 때 유대인이라면 어떻게 했을까?"

: 절약, 저축 :

절약은 아끼는 것을 말해.
돈을 아껴 쓰는 것도 절약이지.
저축은 그 절약한 돈을 모으는 거야.
저금통에 모을 수도 있고,
은행에 통장을 만들어
모을 수도 있지.

저금이 제일 좋아. 냠냠!
앗, 오늘은 쫄깃쫄깃한 천 원짜리가!

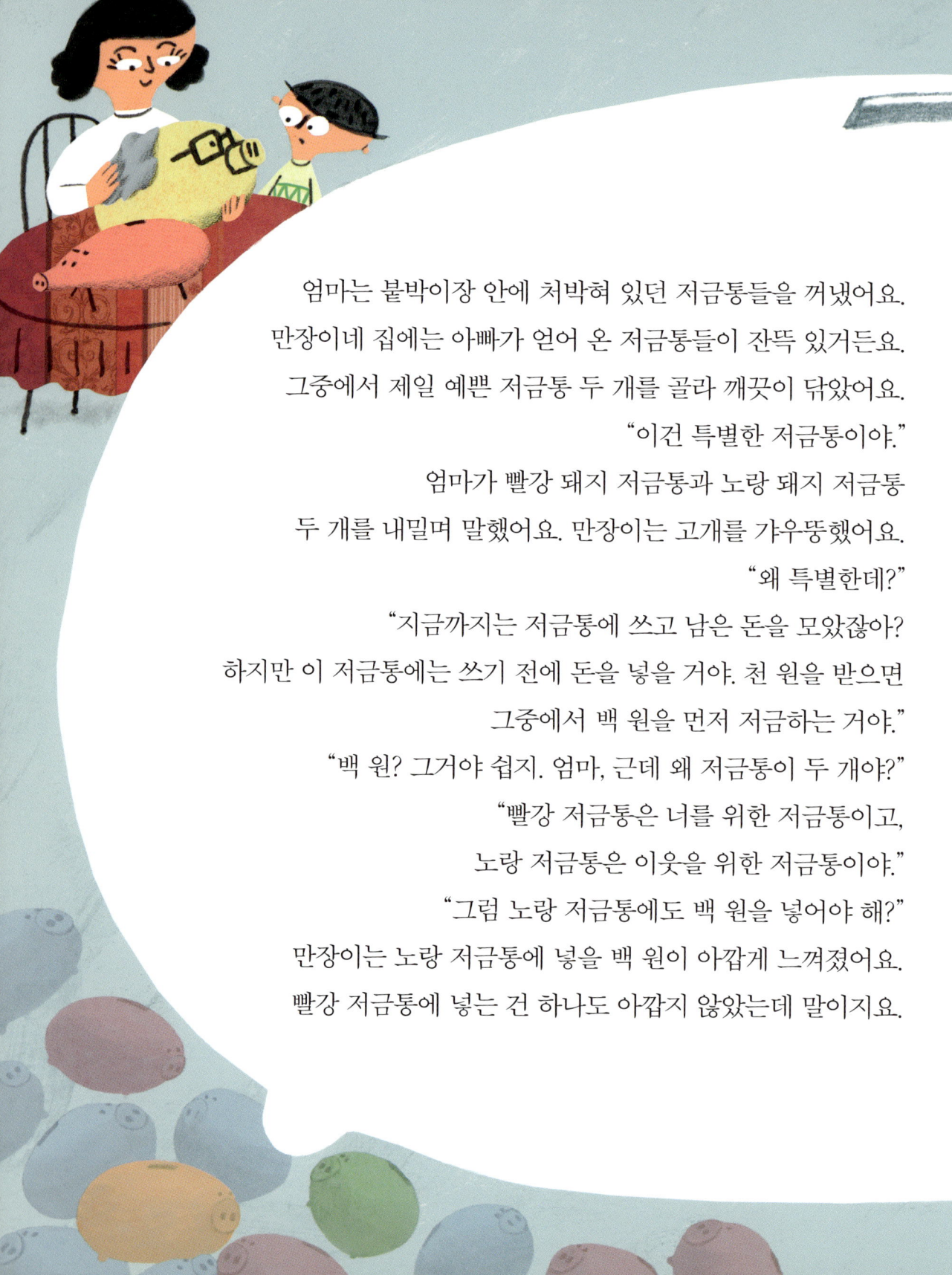

엄마는 붙박이장 안에 처박혀 있던 저금통들을 꺼냈어요.
만장이네 집에는 아빠가 얻어 온 저금통들이 잔뜩 있거든요.
그중에서 제일 예쁜 저금통 두 개를 골라 깨끗이 닦았어요.
"이건 특별한 저금통이야."
엄마가 빨강 돼지 저금통과 노랑 돼지 저금통
두 개를 내밀며 말했어요. 만장이는 고개를 갸우뚱했어요.
"왜 특별한데?"
"지금까지는 저금통에 쓰고 남은 돈을 모았잖아?
하지만 이 저금통에는 쓰기 전에 돈을 넣을 거야. 천 원을 받으면
그중에서 백 원을 먼저 저금하는 거야."
"백 원? 그거야 쉽지. 엄마, 근데 왜 저금통이 두 개야?"
"빨강 저금통은 너를 위한 저금통이고,
노랑 저금통은 이웃을 위한 저금통이야."
"그럼 노랑 저금통에도 백 원을 넣어야 해?"
만장이는 노랑 저금통에 넣을 백 원이 아깝게 느껴졌어요.
빨강 저금통에 넣는 건 하나도 아깝지 않았는데 말이지요.

"엄마, 노랑 저금통에는 오십 원만 넣으면 안 돼요?
아니 십 원, 아니 빵 원!"
"만장아, 세상은 혼자서만 살 수 없어. 우리도 알게 모르게
다른 사람의 도움을 받으며 더불어 살고 있단다.
엄마는 만장이가 노랑 저금통에 저금을 하면서
나누는 기쁨을 배웠으면 해."
과연 용돈을 받자마자 저금을 하니,
돈을 모으는 게 쉬웠어요.
쓰고 남은 돈을 모을 때는
늘 텅텅 비어 있던 저금통이 조금씩
차오르기 시작했죠.
더불어 노랑 저금통도 같이 차올랐어요.
만장이는 노랑 저금통을 볼 때마다
기분이 묘했답니다.

넌 왜 **통장**이 두 개야?

:보통 통장,
 적금 통장:

하나는 **보통 통장**이고, 하나는 **적금 통장**이지. 보통 통장은 아무 때나 자유롭게 돈을 넣었다 찾았다 할 수 있는 통장이야.

그럼 적금 통장은?

적금은 매달 일정 금액을 넣는 통장이야. 1년, 2년 꾸준히 돈을 넣고 만기(약속한 날)가 되면 돈을 찾는 거지. 보통 통장보다 이자가 많고, 매달 꼭 저금을 해야 하니까 돈 모으기가 좋지.

약속한 돈을 약속한 날짜에 넣고 약속한 날짜에 찾는다. 오호라, 약속 통장이네!

백원 은행

땡그랑 100원! 땡그랑 부자!

"우아! 우아!"
만장이는 은행 문을 나서며 감탄사를 내뱉었어요. 자기 이름이
적힌 통장이 마냥 신기했거든요. 게다가 통장에는 만 원도 넘는
돈이 딱 찍혀 있었지요. 만장이가 빨강 저금통에
열심히 모은 돈이었어요. 백 원, 이백 원, 천 원이 모여
꽤 큰돈이 되어 있었지요.
"엄마! 나 부자야?"
"그럼, 부자지!"
만장이는 통장을 날개처럼 흔들며 집으로 뛰어갔어요.
오늘은 만장이에게 첫 통장이 생긴 기념으로,
짠돌이 아빠가 치킨을 사 주기로 하셨거든요!
짠돌이 중에 짠돌이가 웬일이냐고요?

:행복한 나눔:

이웃 나눔은 인터넷이나 전화로도 쉽게 할 수 있어. 그때그때 한 번만 할 수도 있고, 매달 할 수도 있어. 정기 후원을 하면 매달 통장에서 후원할 돈이 빠져나가지. 몇 천 원부터 몇 만 원까지, 할 수 있는 만큼만 나누면 되니까 어렵지 않아.

아껴 쓰고, 저축하고, 나누는 똑똑한 돈 쓰기!

어떡해! 나 벌써 부자 된 것 같아.

그동안 만장이네 집에는 여러 가지 일이 있었답니다.
일단 아빠 혼자 관리하던 돈을 엄마, 아빠가 같이
관리하게 되었어요. 물론 아빠는 불만이었지요.
하지만 이내 생각이 바뀌었답니다. 왜냐하면
엄마랑 돈에 대해 의논하는 게 너무 재미있었거든요.
"여보, 이번 달 생활비가 삼천이백 원이나 줄었네?
다음 달에는 더 줄여 봅시다! 으허허허!
역시, 세상에서 제일 재미있는 건 돈 얘기야."
그리고 가족 모두 용돈을 받았어요.
만장이, 엄마, 아빠 모두요.

이뿐만이 아니었어요. 적은 금액이지만
이웃 나눔 정기후원을 시작했답니다.
"만장이한테만 나누라고 할 수는 없지요. 우리도 지금은
만 원밖에 못하고 있지만, 점점 더 늘려 가 봐요."
"더? 그…… 그럽시다."
아빠는 헛기침을 하고는 말했어요.
"아들아! 네가 들고 있는 그 치킨,
누구 돈으로 산 건지 알고 먹는 거냐?"
"이히히, 아빠가 사 주는 게 세상에서 제일 맛있어요!"
"제일 짠 거 아니고?"
엄마 말에 다들 한바탕 웃었지요. 빨강 돼지, 노랑 돼지도
땡그랑땡그랑 같이 웃는 것 같았답니다.

| 부록 |

유대인의 땡그랑 경제 교육

유대인은 매우 적은 숫자의 민족이에요. 하지만 전 세계 경제, 정치 등의 분야에서 뛰어난 능력을 발휘하는 사람들 중 많은 사람이 유대인이지요. 어릴 때부터 경제 교육을 철저히 시키기로 소문난 유대인의 경제 교육을 배워 보아요.

어떻게 벌었냐는 것보다, 어떻게 잘 쓰느냐가 더 중요하다는 사실!

: 유대인에게 돈이란? :

유대인들은 돈에는 깨끗하고 더러운 것이 없다고 생각해요. 정직하게 벌었다면, 어떤 돈이든 매우 가치 있다는 거지요. 또한 돈을 많이 벌려고 노력하는 건 부끄러운 게 아니며 꼭 필요한 일이라 여긴답니다.

: 숫자와 친한 유대인들 :

유대인들은 일상생활 속에서 숫자와 친하게 지내요. 숫자와 친한 것이 돈을 버는 기본이라고 생각하거든요. 그러다 보니 자연스레 시간도 계획적으로 쓰고, 돈에 대해서도 정확하지요. 아이들도 어릴 때부터 용돈 기입장을 쓰면서, 들어온 돈, 쓴 돈, 남은 돈을 맞춰 보고 계획성 있게 잘 썼는지 반성한답니다.

우아, 시간도 돈도 정확하게. 숫자랑 친해지면 부자가 안 될 수가 없겠는걸.

내가 오늘 먹은 동전은 3개! 지금 내 뱃속에는 총 2,350원이 있지. 으하하하! 나 부자되는 거야?

: 물고기 잡는 법을 가르치는 유대인들 :

필요한 돈을 그냥 주기보다는
아이들이 스스로 돈 벌 기회를 줘요.

 스스로 노력해 돈을 벌다 보면 돈의 소중함을 느끼게 되니까. 땀 흘려 일하는 것이 얼마나 가치 있는 것인지도 알게 되고, 부모님이 얼마나 힘들게 일하는지도 알게 되지.

그럼! 고생해서 번 돈이 더 소중한 법이지.

: 유대인들의 용돈 원칙 :

아이가 돈을 쓰고 싶어 하면 용돈을 줍니다.
적은 돈을 관리하면서 실수를 해 보는 것이,
좋은 경험이 되기 때문이래요.

 하지만 적당한 돈을 주는 게 중요해. 너무 적지도 많지도 않게! 저축을 할 수 있을 정도로 조금 넉넉한 용돈이 좋대.

 시험 성적이 오르면 준다던가 하는 대가성 용돈은 안 된다는 말씀!

: 절약과 절제 :

유대인들은 자녀들에게 경제 관념과 함께 절약과 절제에 대한 교육을 철저하게 가르친다고 해요.

: 아름다운 나눔 :

유대인들은 아이들에게 올바른 소비 태도를 길러 주기 위해, 서로 나눠 쓰고 바꿔 쓰는 법을 가르쳐요. 도서관에서 빌린 책을 깨끗하게 읽고 돌려 주고, 친척에게 옷을 물려 입는 일들을 통해 물건의 가치와 자원의 소중함도 알게 되지요. 더불어 선행을 하며 나누는 것도 당연한 일이라고 여긴답니다.

오늘부터 시작! 용돈 기입장

경제 교육의 기본은 '용돈 관리'에서 시작돼요. 돈의 개념과 가치를 일깨우고, 올바른 소비 습관을 형성하는 바탕이 되기 때문이지요. 가정에서 이뤄진 경제 교육이 튼실해야 성인이 돼서도 견실한 경제 활동을 이어갈 수 있답니다. 만장이처럼 용돈 기입장 쓰기를 시작해 보세요.

〈만장이 용돈 기입장〉

날짜	내용	들어온 돈	나간 돈	남은 돈
6/2	용돈	3,000원		3,000원
6/3	과자		500원	2,500원
6/4	딱지		1,000원	1,500원
6/5	돼지 저금통 저금		500원	1,000원
6/6	아빠 구두 닦기	500원		1,500원
6/7	아이스크림		1,000원	500원
6/8	지우개		500원	0원

- **남은 돈** : 들어온 돈 (3,500원) - 나간 돈 (3,500원) = 0원
- **만장이의 다짐** : 지우개가 있는데, 또 공룡 지우개를 샀다. 앞으로는 이 돈도 모두 저금해야겠다.

〈   용돈 기입장〉

날짜	내용	들어온 돈	나간 돈	남은 돈

- **남은 돈** : 들어온 돈 (원) - 나간 돈 (원) =   원
- **나의 다짐** :

스콜라 꼬마지식인 09
100원 부자

초판 1쇄 발행 2014년 11월 1일 **초판 6쇄 발행** 2024년 2월 12일

글 방미진 **그림** 박재현
펴낸이 이승현

출판3 본부장 최순영 **교양 학습 팀장** 김솔미
키즈 디자인 팀장 이수현 **디자인** 오세라

펴낸곳 ㈜위즈덤하우스 **출판등록** 2000년 5월 23일 제13-1071호
제조국 대한민국 **주소** 서울특별시 마포구 양화로 19 합정오피스빌딩 17층
전화 02)2179-5600
홈페이지 www.wisdomhouse.co.kr **전자우편** kids@wisdomhouse.co.kr

ⓒ 방미진·박재현, 2014

ISBN 978-89-6247-457-2 74330

* 이 책의 전부 또는 일부 내용을 재사용하려면 반드시 사전에 저작권자와
  ㈜위즈덤하우스의 동의를 받아야 합니다.
* 인쇄·제작 및 유통상의 파본 도서는 구입하신 서점에서 바꿔드립니다.
* 이 책의 사용 연령은 8~13세입니다.
* 책값은 뒤표지에 있습니다.